LOUISE L. HAY

Licht für Körper und Seele

Meditationen zu Zahlen und Farben im Jahreslauf

Aus dem Amerikanischen übertragen
von Thomas Görden

Allegria

Die amerikanische Originalausgabe
erschien 1999 unter dem Titel
COLORS & NUMBERS
bei Hay House, Inc., Carlsbad, California, USA.

Allegria ist ein Verlag der Ullstein Buchverlage GmbH, Berlin.
Herausgeber: Michael Görden

ISBN 3-7934-2007-8

Neuausgabe

Umschlaggestaltung: FranklDesign, München
Titelabbildung: Tammy Smith
Innenillustrationen: Tammy Smith
Druck und Bindearbeiten: RMO, München

Printed in Germany

inhalt

Farbe

Z

n &
ahlen

Farben & Zahlen auf einen Blick

Zahlen	Farben	Edelsteine	Schlüsselwörter
1	Rot	Rubin	Anfänge
2	Orange	Mondstein	Geduld
3	Gelb	Topas	Freude
4	Grün	Smaragd/Jade	Praktikabilität
5	Blau	Türkis/Aquamarin	Wandel
6	Indigo (Marineblau)	Perlmutt/Saphir/Lapislazuli	Verantwortung
7	Purpur/Violett	Amethyst	Glaube
8	Beige/Braun/Rosa	Diamant	Erfolg
9	alle Pastellfarben	Opale/Gold	Vollendung
11/2	Schwarz/Weiß oder Perlgrau	Silber	Intuition
22/4	Koralle/Rostrot	Koralle/Kupfer	Größe

Farben und Zahlen

Die Beschäftigung mit Farben hat etwas Faszinierendes. Wir sind ständig von Farben umgeben. Selbst die so genannte Farblosigkeit enthält noch Farbe. Eine Welt ohne Farbe ist schwer vorstellbar.

Beim Gedanken an Farben taucht vermutlich als Erstes die Natur auf. Wir halten erwartungsvoll nach dem ersten zarten Grün Ausschau, das den nahenden Frühling ankündigt. Wenn Krokusse und Osterglocken aus der Erde spießen, wärmt das unser Herz. Das üppige Grün und die kräftigen Farben des Hochsommers lassen die Fülle der Erde spürbar werden. Dann folgt die herbstliche Pracht der Gelb-, Orange- und Rottöne. Wenn sie verschwunden sind, breitet der Winter zwischen den grauen Stämmen der kahlen Bäume seine weiße Schneedecke aus. Wieder warten wir auf den Frühling.

Wie oft haben wir schon beim Anblick von Sonnenaufgang oder -untergang über das unglaubliche Spiel der Farben gestaunt? Ein Sonnenaufgang in der Wüste kann uns mit tiefer Ehrfurcht erfüllen. Vom Tagesanbruch bis zur

Abenddämmerung und Mitternacht begegnen uns tausende von Farbschattierungen. Wenn wir in den blauen Himmel schauen, spüren wir die Stille und den Frieden des weiten, offenen Raumes. Farben sind dann für uns nicht länger bloß schmückendes Beiwerk. Sie üben einen tiefer gehenden Einfluss auf uns aus.

Farbe ist ein wesentlicher Teil unseres Lebens. Dennoch herrscht meist große Unkenntnis darüber, welcher Nutzen sich aus einem bewussten Gebrauch der Farben ziehen lässt. Jede Farbe schwingt mit ihrer eigenen Energie, die wir gezielt zu unserem Nutzen einsetzen können.

Die Zahlenkunde ist uralt und hoch angesehen. Der griechische Philosoph Pythagoras, der oft als Vater der Numerologie betrachtet wird, hielt Zahlen für »die Grundelemente des Universums«. Noch in der Renaissance wurde beim Bau von Kirchen ein mystisches Zahlensystem angewandt, das es nach Ansicht der Architekten den Gläubigen erleichterte, innerhalb jener Mauern Gott zu erfahren.

Farben und Zahlen sind gleichermaßen von Bedeutung. In diesem Buch werden sie gemeinsam gebraucht, da in der Numerologie jede Zahl mit einer Farbe assoziiert ist. Jeden Tag und jeden Monat verändern sich die Schwingungen und mit den Zahlenschwingungen wandeln sich auch die Farben.

Es gibt viele Möglichkeiten, mit dem Leben zu kooperieren. Der bewusste Gebrauch unserer persönlichen Zahlen und Farben ist ein Weg, um mehr Harmonie in unser Leben zu bringen. Dieses Buch zeigt weitere Möglichkeiten, Farben und Zahlen in unser tägliches Leben zu integrieren und Ausgewogenheit zwischen ihnen zu schaffen. Zahlen und Farben begegnen uns auf Schritt und Tritt. Aufzuzeigen, wie wir sie zur Grundlage für unsere Affirmationen und persönlichen Zielsetzungen machen können, ist der Sinn dieses Buches.

Zahlen sind überall. Häuser, Telefone und Bankkonten besitzen ihre eigenen Nummern. Jede Maschine und jedes Gerät trägt eine Nummer. Zahlen finden sich auf Kalendern, Ausweisen, Kreditkarten und Banknoten. Doch unsere persönlichsten Zahlen sind unser Alter und unser Geburtsdatum.

Auch Farben sind allgegenwärtiger Bestandteil unseres Lebens. Wir essen Speisen in vielerlei Farben, ziehen bunte Kleidung an oder tragen farbige Edelsteine. Wir wählen bestimmte Wandfarben und Möbel aus. Unsere Verkehrsmittel sind farbig, ebenso unsere berufliche Umgebung. Wenn wir die Farben unseres Schmucks, unserer Nahrung und Kleidung täglich bewusst entsprechend unserer persönlichen Schwingung wählen, fördert das unsere Fähigkeit, harmonisch mit dem Leben zu fließen. Gesundheit und eine gesunde Einstellung zu uns selbst können sich in den Farben widerspiegeln, die wir tragen.

Männer und Frauen, Jung und Alt, aktive ebenso wie ruhige Menschen können im bewussten täglichen Umgang mit Farben und Zahlen einen tieferen Sinn finden. Wie immer Ihr Lebensstil auch aussehen mag und wo immer Sie leben, Farben und Zahlen finden sich überall.

Alle Farben sind gut, aber mit manchen Farben fühlen wir uns zu bestimmten Zeiten wohler als mit anderen. Unser Wohlbefinden lässt sich spürbar verbessern, wenn wir uns jeden Tag mit den Farben umgeben, die mit unseren persönlichen Schwingungen harmonieren. Durch das Studium der Zahlen können wir unsere täglichen, monatlichen und jährlichen Schwingungsmuster entdecken. Wenn wir eine Farbe wählen, die im Einklang zu der jeweiligen Schwingung steht, kommen wir dadurch in stärkeren Einklang mit dem Leben.

Jeder PERSÖNLICHE TAG hat eine Farbe, die in Resonanz ist mit der Zahl dieses Tages. Jedem PERSÖNLICHEN TAG ist außerdem ein Edelstein zugeordnet, der mit dieser Farbe und Zahl harmoniert. Auch Edelsteine strahlen Schwingungen aus, die gewisse seelische Stimmungen unterstützen können. Außerdem gibt es bestimmte Schlüsselsätze, die tonangebend für Ihren PERSÖNLICHEN TAG wirken.

Ich habe für jeden PERSÖNLICHEN TAG eine Affirmation hinzugefügt und möchte Ihnen ans Herz legen, sich auf diese positiven Ideen zu konzentrieren. Ich spreche diese Affirmationen gerne am Morgen nach dem Aufwachen laut aus, als Vorbereitung auf einen freudigen Tag voller neuer Möglichkeiten, zu lernen und mein Potenzial zu entfalten.

Wir alle besitzen unsere persönlichen Zahlen und Farben. Manche Zahlen, wie das Geburtsdatum, sind unveränderlich. Daneben gibt es wechselnde persönliche Farben, die sich mit dem Kalender ändern. Wenn wir uns bewusst mit diesen Farben umgeben, können wir uns besser auf die kosmischen Kräfte einstimmen. Ich lade Sie nun ein, mit mir jenen besonderen Bereich der Zahlenkunde zu erforschen, der sich auf den Gebrauch der Farben in unserem Alltag bezieht. Im folgenden Kapitel erläutere ich, wie Sie Ihr PERSÖNLICHES JAHR, Ihren PERSÖNLICHEN MONAT und Ihren PERSÖNLICHEN TAG ermitteln können.

Wie Sie Ihr persönliches Jahr, Ihren persönlichen Monat und Tag berechnen

Zunächst einmal gibt es eine universale Jahresschwingung (des laufenden Kalenderjahres). Diese Schwingung gilt für alle Menschen. Die Zahl, die mit dieser Schwingung korrespondiert, finden wir, wenn wir die vier Ziffern des laufenden Jahres addieren. Für das Jahr 1999 rechnen wir beispielsweise 1 + 9 + 9 + 9 = 28. In der Numerologie reduzieren wir die Ziffern so lange, bis wir zu einer einstelligen Zahl gelangen; daher addieren wir 2 + 8 = 10 und dann 1 + 0 = 1. Demnach war 1999 ein universales 1er-Jahr. Ab dem Jahr 2000 wird die Berechnung einfacher: 2 + 0 + 0 + 0 = 2, also ein 2er-Jahr. 2001 ergibt 2 + 0 + 0 + 1 = 3, also ein 3er-Jahr.

Das persönliche Jahr

Um Ihre PERSÖNLICHE JAHRESSCHWINGUNG herauszufinden, addieren Sie Ihren GEBURTSMONAT und GEBURTSTAG zum laufenden UNIVERSALEN JAHR.

Sind Sie am 23. Oktober geboren, rechnen Sie:

23	(für den Geburtstag)
10	(für Oktober)
2	(für das universale Jahr, 2000)
35	3 + 5 = 8

2000 = persönliches 8er-Jahr

Der persönliche Monat

Um Ihre persönliche Schwingung für den laufenden Monat zu ermitteln, addieren Sie Ihr PERSÖNLICHES JAHR zum Kalendermonat. Wenn Ihr PERSÖNLICHES JAHR zum Beispiel eine 8 ist und wir uns gegenwärtig im Monat Februar befinden, sieht die Rechnung wie folgt aus: 8 (persönliches Jahr) + 2 (Februar) = 10. (Denken Sie daran, zweistellige Zahlen immer auf eine Stelle zu reduzieren.) Ihre PERSÖNLICHE MONATSSCHWINGUNG wäre demnach die 1.

8	(für das persönliche Jahr)
2	(für den Kalendermonat, Februar)
10	1 + 0 = 1

Februar 2000 = persönlicher 1er-Monat

Der persönliche Tag

Um Ihre PERSÖNLICHE TAGESSCHWINGUNG zu errechnen, addieren Sie Ihren PERSÖNLICHEN MONAT und den Kalendertag.

Wenn wir den Februar 2000 aus dem obigen Beispiel verwenden, hätte Ihr PERSÖNLICHER MONAT die Zahl 1. Haben wir nun den 1. Februar 2000, müssen Sie die Summe aus der Zahl Ihres PERSÖNLICHEN MONATS und des Kalendertages bilden:

1	(persönlicher Monat)
1	(für den Kalendertag, 1. Februar)
2	

1. Februar 2000 = persönlicher 2er-Tag

Ich bin gesegnet

Wenn Sie Ihren persönlichen Tag bestimmt haben, wird bei den nachfolgenden Tagen immer weitergezählt, von 1 bis 9 und dann wieder von vorn, bis zum Ende des Monats. Wenn ein neuer Monat beginnt, nehmen Sie eine neue Berechnung vor.

Am Ende des Buches finden Sie leere Kalenderseiten, auf denen Sie Ihre persönlichen Zahlen eintragen können. Es ist besser, dies für das ganze Jahr auf einmal zu machen, damit die Zahlen bereits fertig vorliegen, wenn Sie sie benötigen. Legen Sie sich das Buch auf den Nachttisch oder ins Badezimmer, damit Sie jeden Morgen vor dem Anziehen einen Blick hineinwerfen können.

Wenn die Berechnung Ihrer persönlichen Schwingungen eine 11 oder 22 ergibt, sollten diese Zahlen nicht auf 2 oder 4 reduziert werden. Die 11 und die 22 gelten als Meisterzahlen. Sie zeigen an, dass Ihnen die Gelegenheit gegeben wird, einen höheren Schwingungszustand zu erfahren. Zu diesen Zeiten befinden Sie sich in größerem Einklang mit den höheren, universellen Prinzipien, die in der Welt insgesamt wirken. Schreiben Sie diese Meisterzahlen als »11/2« oder »22/4«, um sich daran zu erinnern, dass Sie die Wahl haben, auf welcher Ebene Sie diese Zahlen leben.

Denn die 2 lässt sich führen, die 11 dagegen ist selbst ein Führer. Die 4 arbeitet für das Selbst, die 22 arbeitet für die Gemeinschaft.

Interessant ist, dass die persönliche Monatszahl des ersten Monats eines Jahres immer um 1 über der Zahl des persönlichen Jahres liegt. Der Januar eines persönlichen 8er-Jahres ist beispielsweise ein persönlicher 9er-Monat. Der erste Tag eines persönlichen 9er-Monats ist ein persönlicher 1er-Tag.

TAGE DOPPELTER UND DREIFACHER INTENSITÄT

Am neunten, achtzehnten und siebenundzwanzigsten Tag eines jeden Monats sind die persönlichen Tageszahlen identisch mit der persönlichen Monatszahl. Zum Beispiel sind in einem persönlichen 6er-Monat der neunte, achtzehnte und siebenundzwanzigste Tag persönliche 6er-Tage. Dies sind Tage DOPPELTER INTENSITÄT, die Sie in Ihrem Kalender mit einem Stern markieren sollten. An solchen Tagen wirkt die Energie der jeweiligen persönlichen Zahl doppelt stark, sodass Sie sie umso besser für Ihr persönliches Wachstum und Wohlergehen nutzen können.

Der September ist immer ein besonderer Monat. Die Zahl des Monats September ist identisch mit der Zahl Ihres persönlichen Jahres. Daher besitzen der neunte, achtzehnte und siebenundzwanzigste Tag dieses Monats DREIFACHE INTENSITÄT. In einem persönlichen 6er-Jahr zum Beispiel ist der September für Sie ein persönlicher 6er-Monat, was ihm eine besondere energetische Intensität verleiht. Der neunte, achtzehnte und siebenundzwanzigste Tag sind dementsprechend persönliche 6er-Tage von DREIFACHER INTENSITÄT. Auch diese Tage sollten Sie in Ihrem Kalender markieren, vielleicht in einer anderen Farbe, um anzuzeigen, dass die Energien an diesen Tagen dreifach stärker wirken.

NÜTZLICHE HINWEISE

Die beiden letzten Monate eines Kalenderjahres besitzen stets die gleichen persönlichen Zahlen wie die beiden ersten Monate des folgenden Kalenderjahres. Die jeweiligen persönlichen Schwingungen sind jedoch verschieden. In einem persönlichen 6er-Jahr ist der November ein persönlicher 8er-Monat und der Dezember ein persönlicher 9er-

Monat. Im nächsten Kalenderjahr (in diesem Beispiel ein persönliches 7er-Jahr) ist dann der Januar ein persönlicher 8er-Monat und der Februar ein persönlicher 9er-Monat. Die Zahlen sind die gleichen, aber die persönliche Jahresschwingung ist eine andere, da Sie sich nun in einem persönlichen 7er-Jahr befinden.

Natürlich können Sie an jedem Tag des Jahres tun, was immer Sie wollen. Wenn Sie aber bewusst die besonderen Energien jedes Tages nutzen, werden Sie sich mehr in Harmonie mit dem Leben fühlen. Wenn es schneit, ist es nicht unbedingt ratsam, barfuß ins Freie zu gehen. Vielmehr werden Sie sich der Witterung entsprechend kleiden. Und so ist es auch mit dem Leben.

Es gibt Zeiten, zu denen bestimmte Verhaltensweisen und Aktivitäten angemessener und angenehmer sind als andere. An manchen Tagen fühlt es sich einfach RICHTIG an, Einkäufe zu erledigen oder zur Bank zu gehen, an anderen, die Wohnung zu putzen. So sind Ihre persönlichen Zahlen ein Schlüssel zu jenen Energien, von denen Sie zu allen Zeiten umgeben sind. Dieses Buch zeigt Ihnen einen Weg, wie Sie diese Energien gezielt anzapfen können.

In der Numerologie wird Schwarz selten benutzt. An einem 11/2er-Tag kann man Schwarz in Kombination mit Weiß tragen, aber nach meiner Erfahrung besitzen Perlgrau und Silber eine viel nährendere Wirkung. Während vieler Jahre als Lebensberaterin habe ich immer wieder beobachtet, dass Menschen, die viel oder häufig schwarze Kleidung tragen, nur selten glücklich sind. Schwarz besitzt die Tendenz, den Geist einzuschränken und zu bedrücken. Wenn Sie unter einem emotionalen Problem leiden und/oder häufig Schwarz tragen, empfehle ich Ihnen, einmal probeweise einen Monat lang andere Farben zu verwenden. Es ist gut möglich, dass sich Ihre Stimmung dadurch merklich aufhellt. Vielleicht macht Ihnen das Leben plötzlich viel mehr Spaß!

Anfangs werden Sie vermutlich einige Zeit brauchen, bis Ihre Garderobe alle Farben in den jeweils passenden jahreszeitlichen Variationen enthält. Benutzen Sie bis dahin einfach das, was gerade zur Hand ist. Sie müssen sich auch gar nicht komplett in einer bestimmten Farbe kleiden. Ein Gürtel oder ein Tuch – sogar farbige Unterwäsche – können bereits eine spürbare Wirkung erzielen. Manchmal genügen schon ein entsprechend gefärbter Kugelschreiber oder ein paar Blumen in einer Vase, um uns an die Farbschwingung des Tages zu erinnern. Vielleicht achten Sie bei Geschenken auch einmal auf die persönliche Tagesfarbe des Beschenkten.

Auch unsere Nahrung ist farbig. Die Farben, die wir damit aufnehmen, sind genauso wichtig wie die Farben unserer Kleidung oder persönlichen Umgebung. An einem persönlichen 1er-Tag haben wir vielleicht besonderen Appetit auf rote Äpfel, Tomaten oder Rote Bete und diese sind dann auch besonders nahrhaft für uns. (In den Tabellen ab Seite 97 finden Sie entsprechende Vorschläge.)

Zu Beginn eines neuen Jahres können Sie etwas für Ihr Haus oder Ihre Wohnung anschaffen, das die entsprechende Farbe widerspiegelt. Sie können eine neue Überdecke für Ihr Bett kaufen oder Ihr Lieblingszimmer in Ihrer persönlichen Jahresfarbe anstreichen. Vielleicht bevorzugen Sie aber auch einen Ring oder ein anderes Schmuckstück in der betreffenden Farbe. Wenn der Kauf eines neuen Autos ansteht, könnten Sie Ihre persönliche Jahresschwingung bei der Farbwahl berücksichtigen. Machen Sie von Ihrer Fantasie Gebrauch, um bedeutungsvolle Farben in Ihr Leben zu bringen. Darin spiegeln sich Ihr Selbstbild und Ihre wachsende Liebe zu sich selbst.

Wenn Sie gerade nicht die zu Ihrem persönlichen Tag passende Farbe zur Hand haben, können Sie stattdessen auch die Farbe Ihres persönlichen Monats oder Jahres benutzen. Zahl und Farbe Ihres persönlichen Jahres sind eine Art Hintergrundmusik für alles, was Sie in diesem Jahr unternehmen.

Probieren Sie es aus, es macht Spaß!
Und warten Sie ab, was geschieht.

Wie die Zahlen angewendet werden

Nachdem Sie nun Ihr persönliches Jahr sowie Ihren persönlichen Monat und Tag berechnet haben, schlagen Sie in dem Kapitel nach, in dem die jeweiligen persönlichen Jahre beschrieben werden. Lesen Sie den Deutungstext für Ihr persönliches Jahr. Das persönliche Jahr ist die Hintergrundmusik für Ihren persönlichen Tag. Lesen Sie jeden Morgen nach dem Aufstehen den Text für den jeweiligen persönlichen Tag. Meditieren Sie dann über die Gedanken und Affirmationen, die ich zusammengestellt habe. Sie werden Ihnen dabei helfen, an diesem Tag möglichst viel Gutes zu erfahren.

Die Deutungen sollten immer in Verbindung mit den Texten für das jeweilige persönliche Jahr betrachtet werden. Der Deutungstext für den persönlichen Monat ist identisch mit dem des persönlichen Jahres der gleichen Ziffer; schlagen Sie also unter dem Jahr nach, um die Deutung für den persönlichen Monat zu erhalten. Ich ziehe es vor, mich auf das Hier und Jetzt zu konzentrieren, und benutze daher meist die Deutungen für den persönlichen Tag in Verbindung mit dem Jahr.

Das persönliche Jahr

Persönliches 1er-Jahr

Farbe
ROT

Edelstein
RUBIN

Schlüsselwort
ANFÄNGE

Dies ist ein Jahr für Neuanfänge, für neue Ideen, für alles Neue. Es ist eine Zeit, um zu pflanzen und die Saat auszubringen. Samen, der in diesem Jahr ausgesät wird, wird in den folgenden acht Jahren Früchte tragen. Eine Saat geht niemals über Nacht auf. Samen müssen keimen und Wurzeln bilden, bevor sie wachsen können. Geben Sie Ihren Ideen genug Zeit, um Wurzeln zu schlagen. Planen Sie, was Sie in diesem neunjährigen Zyklus verwirklichen wollen, und machen Sie sich an die Arbeit. Übernehmen Sie die Kontrolle. Verlassen Sie sich auf Ihr eigenes Potenzial statt auf Partner und äußere Hilfe. In dieser Phase sind Unabhängigkeit und Entfaltung der eigenen Fähigkeiten von großer Wichtigkeit. Schaffen Sie jetzt ein solides Fundament. Bleiben Sie aktiv und in Bewegung. In diesem Jahr gilt es, Pioniergeist zu entwickeln und zu neuen Horizonten aufzubrechen.

»ICH ERFORSCHE NEUES TERRAIN UND BEGINNE NEUE UNTERNEHMUNGEN!«

Persönliches 2er-Jahr

Farbe
ORANGE

Edelstein
MONDSTEIN

Schlüsselwort
GEDULD

Die Saat, die Sie im vorigen Jahr ausgesät haben, kann nun aufgehen. Jetzt haben Sie etwas Ruhe und Stille verdient. Gönnen Sie sich genug Zeit dafür. Lernen Sie, erschließen Sie sich neues Wissen. Üben Sie sich darin, Diplomatie und Taktgefühl zu entwickeln. Teilen und Teamarbeit sind jetzt besonders angesagt. Seien Sie kooperativ. Versuchen Sie in diesem Jahr nicht, Dinge zu erzwingen. Bleiben Sie geduldig und warten Sie ab. Das für Sie Richtige wird zur rechten Zeit zu Ihnen kommen. Achten Sie auf Details. Sammeln Sie alle Informationen, die Sie benötigen. Blicken Sie hinter die Kulissen. Schon bald werden sich gute Gelegenheiten ergeben. Denken Sie nach, planen Sie umsichtig und bleiben Sie ruhig und gelassen. Dieses Jahr ist eine gute Zeit für Liebe, Beziehungen und Partnerschaften.

»ICH VERTRAUE DARAUF, DASS MEIN LEBEN SICH IN GÖTTLICHER ORDNUNG ENTFALTET!«

Persönliches 3er-Jahr

Farbe
GELB

Edelstein
TOPAS

Schlüsselwort
FREUDE

Dieses Jahr steht ganz im Zeichen der Freude. Das, was Sie vor zwei Jahren begonnen haben, nimmt jetzt allmählich Gestalt an. Glauben Sie an sich. Ihre Saat beginnt nun, Wurzeln zu schlagen. Die Geburt des Neuen ist offensichtlich. Alles ist gut, und das spüren Sie. Liebe herrscht überall. Es ist an der Zeit, dass Sie sich Ihren Freundschaften widmen und Dinge tun, die Ihnen wirklich Freude machen. Gönnen Sie sich Unterhaltung und Abwechslung, gehen Sie aus, seien Sie viel unter Menschen. Unternehmen Sie Urlaubsreisen. Der Einfluss dieses Jahres ist sozial und künstlerisch. Streben Sie möglichst oft nach kreativem Selbstausdruck. Lachen und lächeln und singen und tanzen Sie, verbreiten Sie Sonnenschein und gute Laune. Ihr Jahr wird voller Freude sein.

»ICH LEBE GERN UND MIT FREUDE!«

Persönliches 4er-Jahr

Farbe
GRÜN

Edelsteine
SMARAGD/JADE

Schlüsselwort
PRAKTIKABILITÄT

Jetzt ist es an der Zeit, sich wieder an die Arbeit zu machen. Die ausgesäten Pflänzchen sprießen. Jäten Sie das Unkraut. Seien Sie produktiv und gut organisiert. Bauen Sie sich ein solides Fundament. Seien Sie fleißig und halten Sie Ihre Zeitpläne ein. Machen Sie regelmäßig Bestandsaufnahme. Bringen Sie Ihr Leben in Ordnung und achten Sie dabei auch auf die Details. Üben Sie sich in Selbstdisziplin und seien Sie nicht faul. Tun Sie freudig Ihre Arbeit, dann wird es Ihnen nie an Energie mangeln. Achten Sie auf eine gute Gesundheit. Sie arbeiten an Ihrer Zukunft, seien Sie also konstruktiv. Lösen Sie in diesem Jahr alle anstehenden Probleme. Je mehr Sie sich anstrengen, desto mehr Erfolg werden Sie ernten. Alles wird sich zum Guten wenden.

»ICH MACHE AUS ALLEM, WAS MIR GESCHIEHT, EINE GUTE GELEGENHEIT!«

Persönliches 5er-Jahr

Farbe
BLAU

Edelsteine
TÜRKIS/AQUAMARIN

Schlüsselwort
WANDEL

Freiheit und Veränderung liegen in der Luft. Die Pflanzen wachsen heran. Nach der vielen Arbeit des vergangenen Jahres haben Sie Erholung verdient. Dies sollte in jeder Hinsicht ein Jahr der Schönheit werden. Schreiten Sie frohgemut voran. Lösen Sie sich aus Routine und altem Denken. Tun Sie etwas Ungewöhnliches. Seien Sie in diesem Jahr anders. Gehen Sie aus sich heraus und erfahren Sie das Leben auf neue Weise. Dieses Jahr ist eine gute Zeit, um eine Fremdsprache zu lernen oder den Wohnort zu wechseln. Nehmen Sie Veränderungen vor – im Denken, Wohnen, Leben und Arbeiten. Vergewissern Sie sich, dass diese Veränderungen auch für andere Menschen von Nutzen sind. Gehen Sie möglichst viel unter Menschen. Seien Sie offen für positive Überraschungen. Werfen Sie aber andererseits auch nicht alle Vorsicht über Bord. Seien Sie aktiv, aber nicht rastlos. Dann kann dieses Jahr für Sie sehr befriedigend verlaufen.

»ICH BIN OFFEN FÜR VERÄNDERUNGEN UND ERWEITERE MEINE GRENZEN!«

Persönliches 6er-Jahr

Farbe
INDIGO (MARINEBLAU)

Edelsteine
PERLMUTT/SAPHIR/LAPISLAZULI

Schlüsselwort
VERANTWORTUNG

Widmen Sie sich in diesem Jahr Ihrem Zuhause, der Familie, Freunden und Gruppenaktivitäten. Die Pflanzen blühen nun. Machen Sie Ihr Zuhause zum Mittelpunkt Ihres Lebens. Seien Sie verantwortungsbewusst, fair und gerecht. Seien Sie bereit, dem Wohle aller zu dienen, und akzeptieren Sie Ihre Pflichten bereitwillig. Kümmern Sie sich gut um Ihr persönliches Umfeld, Menschen, Orte und Dinge. Dieses Jahr eignet sich am besten für eine Heirat oder den Umzug in ein neues Zuhause. Räumen Sie der Musik in Ihrem Leben einen wichtigen Platz ein. Verbringen Sie Ihre Freizeit möglichst zu Hause. Setzen Sie sich Ihre eigenen Normen und halten Sie sich daran. Führen Sie alles, was Sie anfangen, auch zu Ende. Sorgen Sie in Ihrem Leben für Rhythmus und Harmonie. Engagieren Sie sich zum Wohle der Gemeinschaft. Seien Sie Ratgeber und Helfer für andere und sorgen Sie gleichzeitig gut für sich selbst. Dann wird dieses Jahr Ihnen tiefe Befriedigung schenken.

»LIEBEVOLL UND FREUDIG AKZEPTIERE ICH MEINE VERANTWORTUNG!«

meditate
quiet
inner peace

Persönliches 7er-Jahr

Farben
PURPUR/VIOLETT

Edelstein
AMETHYST

Schlüsselwort
GLAUBE

In diesem Jahr gilt es, sich nach innen zu wenden. Am Weinstock zeigen sich die ersten Früchte und wir müssen daran glauben, dass sie gut heranreifen. Nehmen Sie sich Zeit zum Nachdenken und Reflektieren. Verbringen Sie viel Zeit allein und nutzen Sie diese Zeit konstruktiv. Analysieren Sie Ihr Denken und Handeln. Was würden Sie gerne verändern? Die Zahl 7 enthüllt Dinge, die wir normalerweise nicht sehen. Betrachten Sie Ihr Leben. Dieses Jahr sollte dem inneren Wachstum und der Vorbereitung gewidmet sein. Versuchen Sie nicht, in der äußeren Welt etwas zu erzwingen; lassen Sie die Dinge von selbst zu Ihnen kommen. Reduzieren Sie berufliche Belastungen so weit wie möglich. Meditieren Sie, richten Sie den Blick nach innen. Das gesellschaftliche Leben sollte jetzt nicht im Mittelpunkt stehen. Aber auf Reisen könnten Sie sich besser kennen lernen. Dies ist ein spirituelles Jahr, stimmen Sie sich also auf die entsprechende Energie ein. Geben Sie Ihrer Seele Raum für Wachstum.

»ICH BEGEBE MICH FREUDIG AUF DIE INNERE SUCHE UND FINDE VIELE ANTWORTEN!«

Persönliches 8er-Jahr

Farben

BEIGE/BRAUN/ROSA

Edelstein

DIAMANT

Schlüsselwort

ERFOLG

Dies ist das Jahr des Erfolgs, die Zeit der Ernte. Das, was Sie vor acht Jahren begonnen haben, vollendet sich nun. Bringen Sie Ihre Ernte auf den Markt. Geschäftlicher Erfolg und alle materiellen Dinge warten auf Sie. Mit ein wenig Anstrengung werden Sie jetzt viel erreichen. Steuern Sie konsequent auf das Gewünschte zu. Führen, leiten, organisieren Sie. Handeln Sie effektiv und professionell, voller Selbstvertrauen. Seien Sie bei sämtlichen Unternehmungen ehrlich und fair. Sie können jetzt Großes bewerkstelligen. Seien Sie offen für unerwartete finanzielle Einnahmen. Geschäftsreisen stehen unter einem günstigen Stern. In diesem Jahr erreichen Sie, was Sie wollen.

»ICH BIN ERFOLGREICH UND GEDEIHE IN JEDER HINSICHT!«

Persönliches 9er-Jahr

Farben

ALLE PASTELLFARBEN

Edelsteine

OPALE/GOLD

Schlüsselwort

VOLLENDUNG

Nun ist die Zeit der Vollendung und Erfüllung. Der Wachstumszyklus ist abgeschlossen, auch wenn einige Pflanzen weiterhin Früchte bringen. Jetzt sollten Sie einen gründlichen Hausputz vornehmen. Durchstöbern Sie alle Winkel und trennen Sie sich von dem, was Sie nicht länger brauchen – Leute, Orte, Ideen und Dinge. Klammern Sie sich nicht an Altgewohntes. In diesem Jahr wird vieles aus Ihrem Leben verschwinden. Segnen Sie es und lösen Sie sich davon. Damit schaffen Sie Raum für das Neue, das Sie im nächsten Jahr erwartet. Öffnen Sie sich für das Glück, das ringsum gegenwärtig ist. In diesem Jahr heißt es, Dinge zu beenden. Beginnen Sie jetzt nichts Neues; lassen Sie sich nicht auf neue Liebesbeziehungen ein, denn sie wären nicht von Dauer. Genießen Sie künstlerische Aktivitäten. Reisen Sie und öffnen Sie sich für fremde Menschen. Geben Sie weg, was Sie nicht länger brauchen. Seien Sie tolerant, mitfühlend und bereit zur Vergebung. Die Liebe muss mit allen geteilt werden. Der alte Zyklus endet nun. Bereiten Sie sich auf den neuen Zyklus vor, der im nächsten Jahr beginnt.

»ICH BIN ZUFRIEDEN, ERFÜLLT UND ERFOLGREICH!«

Persönliches 11/2er-Jahr

Farben

SCHWARZ/WEISS oder PERLGRAU

Edelstein

SILBER

Schlüsselwort

INTUITION

11/2 ist eine Meisterzahl. Erheben Sie sich jetzt über die Alltagsroutine. Strahlen Sie wie ein Stern. Richten Sie sich an neuen inneren Maßstäben aus. Widmen Sie der spirituellen und metaphysischen Seite des Lebens mehr Aufmerksamkeit. In diesem Jahr ist die universelle Liebe wichtiger als die persönliche. Bewahren Sie sich Ihren inneren Frieden, was auch geschieht. Ihr Interesse wird jetzt verstärkt dem Okkulten gelten. Geschäftliches sollte in diesem Jahr nicht im Vordergrund stehen, obgleich Sie diesbezüglich viele gute Ideen haben werden, die Sie sich für später aufheben sollten. Leben Sie Ihren Idealen gemäß. Seien Sie vorbereitet. In diesem Jahr könnten Sie zu Ruhm und Ehre gelangen. Es ist eine Zeit des seelischen Wachstums, der Erleuchtung und der Innerlichkeit.

»ICH LAUSCHE AUF DIE INNERE STIMME DER WEISHEIT!«

Ich bin gesegnet

Persönliches 22/4er-Jahr

Farben

KORALLE/ROSTROT

Edelsteine

KORALLE/KUPFER

Schlüsselwort

GRÖSSE

22/4 ist eine Meisterzahl. Wenn Sie sich über die 4 erheben, können Sie außergewöhnliche Taten vollbringen. Die Gemeinschaft braucht Sie. Wenn Sie nur für Ihren eigenen Vorteil arbeiten, werden Sie das Potenzial dieses Jahres nicht wirklich ausschöpfen können. Arbeiten Sie dagegen an der Verwirklichung großer Pläne, die dem Wohl der Menschheit dienen, werden Ihre Projekte erfolgreich sein. Durch die außergewöhnliche Energie dieses Jahres werden große Projekte besonders begünstigt. Bauen Sie etwas auf, das für die Allgemeinheit wertvoll ist. Setzen Sie dazu alle Ihre geistigen Kräfte ein. Ein Jahr wie dieses wird Ihnen nicht oft geschenkt. Prominenz und öffentlicher Einfluss können Ihnen nun zuteil werden.

»ICH ARBEITE FÜR DAS WOHL DES PLANETEN UND ICH BIN GESEGNET!«

Der persönliche Tag

Persönlicher 1er-Tag

Farbe	Edelstein
ROT	RUBIN

ZEIT FÜR EINEN NEUEN ANFANG

Seien Sie unabhängig. Tun Sie, wonach Ihnen der Sinn steht. Verfolgen Sie Ihre Ziele konsequent. Suchen Sie neue Orte auf. Lernen Sie neue Menschen kennen. Ein guter Tag, um mit einer neuen Aufgabe zu beginnen. Seien Sie aktiv. Auch für ein erstes Rendezvous ist jetzt ein günstiger Zeitpunkt. Gehen Sie heute voran, übernehmen Sie die Führung. Vertrauen Sie auf sich und Ihre Intuition. Seien Sie originell und kreativ. Seien Sie ehrgeizig. Werden Sie sich Ihrer Macht und Kraft bewusst. Seien Sie mutig. Zorn, Sturheit, Ungeduld oder Sorge könnten Ihre Fähigkeiten untergraben. Halten Sie nach Neuem Ausschau.

»ICH ÖFFNE DEM LEBEN NEUE TÜREN!«

Heute vertraue ich darauf, dass die Unendliche Weisheit in mir mich leitet und in neue Lebensbereiche führt. Auf meinem Weg bin ich stets geborgen. Ich weiß, dass das Leben immer für mich da ist, mir Nahrung, Kleidung und Obdach schenkt. Auf erfüllende Weise wird mir Liebe zuteil. Ich begrüße das Neue mit offenen Armen. Alle Menschen, die ich heute schätze und liebe, waren einst Fremde für mich. Darum heiße ich Menschen, die neu in mein Leben treten, freundlich willkommen. Heute erwartet mich ein wunderbarer neuer Tag.

Persönlicher 2er-Tag

Farbe	Edelstein
ORANGE	MONDSTEIN

KOOPERIEREN SIE

Seien Sie friedfertig und suchen Sie die Übereinstimmung mit anderen. Bemühen Sie sich mehr als üblich um zwischenmenschliche Harmonie. Seien Sie tolerant und diplomatisch. Öffnen Sie sich für das, was Ihre Mitmenschen Ihnen zu geben haben, nehmen Sie Hilfe und Informationen an. Praktizieren Sie die gute alte Tugend der Höflichkeit. Beobachten Sie, hören Sie aufmerksam zu und denken Sie in Ruhe nach. Sorgen Sie dafür, dass man sich in Ihrer Gegenwart wohl fühlt, und nehmen Sie Rücksicht auf die Empfindungen Ihrer Mitmenschen. Entspannen Sie sich, seien Sie sanft und freundlich. Warten Sie geduldig ab.

»ICH BIN FREUNDLICH UND NEHME RÜCKSICHT AUF ANDERE!«

Gestern habe ich im Garten des Lebens gesät und gepflanzt. Heute warte ich geduldig darauf, dass die Saat keimt. Ich habe genug Zeit, um mich meinen Mitmenschen zu widmen. Freudig helfe ich, wo ich kann, und erleichtere anderen ihre Last. Das, was ich gebe, kehrt vielfach vermehrt zu mir zurück. Ich lege Vorräte für die Zukunft an. Heute ist ein harmonischer, liebevoller, friedlicher Tag.

Persönlicher 3er-Tag

Farbe
GELB

Edelstein
TOPAS

HEUTE IST EIN TAG ZUM FEIERN!

Lachen Sie, genießen Sie das Leben! Dieser Tag steht im Zeichen von Geselligkeit, Gesang, Tanz und Spiel. Bringen Sie Ihr Selbst freudig zum Ausdruck. Schenken Sie allen Menschen Liebe. Heute können Sie wirkliche Lebensfreude erfahren und weitergeben. Machen Sie sich schön. Fühlen Sie sich attraktiv. Spüren Sie die Freude, die in Ihnen pulsiert, und strahlen Sie diese Freude aus, wo immer Sie heute hingehen. Segnen Sie alles und jeden. Bringen Sie andere zum Lächeln. Lassen Sie Ihre Kreativität frei fließen. Dies ist der beste Tag für einen Einkaufsbummel. Heute sollten Sie unter Menschen gehen. Lieben Sie sie alle.

»ICH STRAHLE FREUDE AUS UND TEILE SIE MIT ANDEREN!«

Freude fließt durch meine Adern und drückt sich in allem aus, was ich heute unternehme. Ich weiß, dass meine Saat aufgeht. Ich habe also allen Grund, mich zu freuen. Ich bin frohen Mutes und in Harmonie mit allem Lebendigen. Mein Leben ist ein Fest, das ich gemeinsam mit anderen feiere. Meine Kreativität fließt frei und ich lasse andere großzügig an ihr teilhaben. Ich bin schön und alle lieben mich. Alles ist gut in meiner Welt und ich gebe dieses Gefühl an meine Mitmenschen weiter.

Liebe Mutter,
wie geht
es dir?

Persönlicher 4er-Tag

Farbe
GRÜN

Edelsteine
SMARAGD/JADE

FRISCH ANS WERK!

Heute sollten Sie früh aufstehen. Gehen Sie die anstehenden Aufgaben entschlossen an, denn Sie verfügen über jede Menge Energie. Bringen Sie Ihre Projekte in Schwung. Bezahlen Sie Ihre Rechnungen. Beantworten Sie endlich die Briefe auf Ihrem Schreibtisch. Bringen Sie Ordnung in Ihre Finanzen. Machen Sie Hausputz. Erledigen Sie notwendige Reparaturen. Die Arbeit, die Sie heute tun, wird sich in jedem Fall auszahlen. Auch für einen medizinischen Checkup ist heute ein guter Zeitpunkt. Treffen Sie alle notwendigen Vorbereitungen für den morgigen Tag.

»ICH HABE MEIN LEBEN IM GRIFF UND BIN PRODUKTIV!«

Die ersten Sprösslinge sprießen aus dem Boden und es wartet Arbeit auf mich. Bereitwillig entferne ich das Unkraut negativen Denkens aus meinem Bewusstsein. Die Allmacht des Universums hilft mir bei diesem Unterfangen und grenzenlose Energie fließt mir zu. So geht mir die Arbeit leicht und rasch von der Hand. Ich errichte ein festes Fundament für meine Zukunft. Ich bin gesund an Körper, Geist und Seele.

Persönlicher 5er-Tag

Farbe	Edelsteine
BLAU	TÜRKIS/AQUAMARIN

WANDEL UND ÜBERRASCHUNG

Sorgen Sie dafür, dass Sie heute wirklich gut aussehen. Ziehen Sie Ihre besten Sachen an. Gehen Sie mit wachen Augen in den Tag und halten Sie nach Neuem Ausschau. Positive Veränderungen liegen in der Luft. Heute sind Sie frei. Erwarten Sie eine freudige Überraschung. Tun Sie etwas Ungewöhnliches. Seien Sie flexibel. Weichen Sie von Ihrer üblichen Routine ab. Betrachten Sie das Leben aus einer neuen Perspektive. Geben Sie etwas weg. Verkaufen Sie etwas. Dieser Tag eignet sich gut für Friseur- und Operationstermine. Heute fühlen Sie sich frei.

»ICH HEISSE DEN WANDEL WILLKOMMEN UND FREUE MICH AM NEUEN!«

Die Pflanzen in meinem Garten gedeihen prächtig, genährt vom Sonnenschein und der fruchtbaren Erde, ohne dass ich viel tun muss. Ich bin frei, mich auf neue Lebenserfahrungen einzulassen. Ich freue mich auf wundervolle, positive Überraschungen. Ich sehe großartig aus und fühle mich großartig. Hier bin ich, Welt, offen und empfangsbereit für alles Gute, das ich jetzt dankbar und voll Freude annehme.

Persönlicher 6er-Tag

Farbe	Edelsteine
INDIGO (MARINEBLAU)	PERLMUTT/SAPHIR/ LAPISLAZULI

ANALYSIEREN SIE DIE SITUATION

Machen Sie eine persönliche Bestandsaufnahme. Schauen Sie sich Ihr Zuhause an. Könnten Sie für mehr Behaglichkeit sorgen? Was ist mit Ihnen selbst? Könnten Sie etwas für sich tun? Wie ist Ihre Ernährung? Gibt es daran etwas zu verbessern? Wie steht es um Ihre persönlichen Verpflichtungen? Gibt es etwas, dem Sie mehr Aufmerksamkeit widmen sollten? Gibt es jemanden, dem Sie etwas schuldig sind? Jetzt ist es Zeit, diese Schulden zu begleichen. Bleiben Sie zu Hause. Widmen Sie sich Ihrer Familie, laden Sie Freunde ein. Hören Sie viel Musik. Lehrer vermögen heute Herausragendes zu leisten und der Tag eignet sich bestens für Teamarbeit. Auch für einen Umzug ist er sehr zu empfehlen.

»MEIN ZUHAUSE IST EIN FRIEDLICHER HAFEN!«

Meine Pflanzen blühen jetzt. Ihr Anblick erfreut mich und ich kümmere mich liebevoll um sie. Dieser Verantwortung komme ich gerne nach. Wenn erforderlich, nehme ich positive Veränderungen an meinem Zuhause vor. Es ist ein angenehmer Ort – für mich selbst wie auch für andere. Ich öffne meine Türen und empfange alle Gäste mit Musik und Liebe. Sie sind für mich wie eine liebevolle Familie.

Persönlicher 7er-Tag

Farben
PURPUR/VIOLETT

Edelstein
AMETHYST

SCHAUEN SIE NACH INNEN

Sorgen Sie dafür, dass Sie wenigstens einen Teil dieses Tages allein verbringen können. Ziehen Sie sich in die Stille zurück. Lesen Sie. Denken Sie nach. Lauschen Sie auf die Stimme Ihrer Seele. Meiden Sie den Trubel des Geschäftslebens. Das Geld, dem Sie heute nachjagen, wird Ihnen durch die Finger rinnen. Verhalten Sie sich dagegen still und warten ab, kommen die Dinge ganz von selbst zu Ihnen. Widmen Sie sich spirituellen oder wissenschaftlichen Themen. Kümmern Sie sich um Ihre Pflanzen oder gehen Sie in die freie Natur. Die Nummer 7 hat immer etwas zu enthüllen. Meditieren Sie und seien Sie offen.

»ICH SCHAUE NACH INNEN UND ERHALTE ANTWORTEN!«

Ich glaube daran, dass das Universum Gutes für mich bereithält. Daher wende ich mich nach innen, um Verbindung zu meiner inneren Weisheit aufzunehmen. Liebevoll freue ich mich an der Schönheit der Natur. Ich vertraue darauf, dass das Leben stets gut für mich sorgt. Ich weiß, dass alles, was ich wirklich brauche, stets zur rechten Zeit zu mir kommt. Jene Macht, die mich atmen lässt, wird mit Leichtigkeit auch für alle anderen Bedürfnisse sorgen.

26.86
29.58
20.14
24.31
n.a.
23.71
14.38
17.33
17.82
13.01
& Income
Value
13.30
12.58
18.90
-0.02

Persönlicher 8er-Tag

Farben	Edelstein
BEIGE/BRAUN/ROSA	DIAMANT

BERUFLICHER ERFOLG

In Ihnen erwacht beruflicher Ehrgeiz. Es ist Zeit für Fortschritte in diesem Bereich. Bringen Sie Ihren Glauben an den Erfolg zum Ausdruck. Übernehmen Sie die Führung. Organisieren und entscheiden Sie. Verlassen Sie sich auf Ihr eigenes Urteil. Bezahlen Sie Ihre Rechnungen. Erledigen Sie alle anstehenden finanziellen und juristischen Formalitäten. Dies ist ein guter Tag, um Verträge zu unterzeichnen, ins Fitnesscenter zu gehen, sich medizinisch durchchecken zu lassen. Helfen Sie einem Menschen in einer weniger glücklichen Lage. Der Erfolg ist Ihnen sicher.

»ICH BIN VOLLER ENERGIE UND WOHLSTAND!«

Die Ernte ist nun eingebracht. Ich bestimme über mein Leben und alle meine Angelegenheiten. Ich kann mich auf meine innere Weisheit verlassen, denn ich stehe jederzeit in Verbindung zur Universalen Intelligenz. Mit dem Universum als Partner schreite ich von Erfolg zu Erfolg. Ich herrsche gütig und liebevoll über das Reich, das ich erschaffen habe. Je mehr ich anderen helfe, desto mehr gedeihe ich und entfalte mich. Mein Erfolg ist immer auch der Erfolg der anderen.

Persönlicher 9er-Tag

Farben
ALLE PASTELLFARBEN

Edelsteine
OPALE/GOLD

MENSCHLICHKEIT

Die ganze Welt ist Ihre Familie. Seien Sie ein wahrer Menschenfreund. Helfen Sie, wo Sie können. Seien Sie großzügig und freundlich. Heute sollten Sie nichts Neues beginnen, sondern die Dinge zur Vollendung bringen. Räumen Sie Schränke und Schubladen auf. Dinge, die Sie nicht wirklich brauchen, sollten Sie verschenken oder verkaufen. Trennen Sie sich von allem, das Ihnen nicht länger nützt – Gegenstände, Ideen, Gewohnheiten, Beziehungen. Machen Sie von Ihren kreativen Talenten Gebrauch. Ein idealer Tag für öffentliche künstlerische Darbietungen. Was Sie geben, wird zu Ihnen zurückkehren, geben Sie daher nur Ihr Bestes. Beenden Sie das Kapitel, denn morgen beginnt etwas Neues.

»ICH BIN EINS MIT ALLEM LEBENDIGEN. DIE GANZE WELT IST MEINE FAMILIE!«

Die Arbeit ist getan, der Zyklus vollendet. Ich löse mich von dem, was war. Freudig gebe ich alles weg, was ich nicht länger brauche. Ich bin großzügig gegenüber meinen Mitmenschen, denn sie sind meine Brüder und Schwestern. Ich vergebe und vergesse. Ich bin frei. Liebevoll lasse ich andere an meiner Herzenswärme und meinem Reichtum teilhaben. Erkenntnis und Erfüllung sind jetzt mein und ich empfinde tiefe Befriedigung. Alles ist gut in meiner Welt.

MEDITIERE
FOLGE
HÖRE AUF D
NNERE STIMME
BEWAHRE INNEREN FRIEDEN
SEI GELASSEN
LIEBE
MEDITI
SEI STILL
SEI IM FLUSS

Persönlicher 11/2er-Tag

Farben
SCHWARZ/WEISS oder
PERLGRAU

Edelstein
SILBER

FOLGEN SIE IHREM STERN

11/2 ist eine Meisterzahl. Denken Sie daher heute nicht in kommerziellen Bahnen. Die Schwingungen sind sehr hoch und spirituell. Ihre Intuition ist stark. Versuchen Sie nicht, etwas zu erzwingen. Seien Sie still. Bewahren Sie inneren Frieden. Lassen Sie den Tag harmonisch fließen. Lesen Sie heute nicht. Richten Sie den Blick nach innen. Lassen Sie sich auf keine Diskussionen ein. Was geschieht, ist sowieso nicht Ihre Schuld. Seien Sie das Licht der Welt für die Welt. Sie können sich heute wunderbar inspirieren lassen und auch andere inspirieren.

»ICH FOLGE MEINEM INNEREN STERN!«

Aus der höchsten Quelle fließt mir wie aus einem nie versiegenden Brunnen Weisheit und Wissen zu. In mir selbst finde ich die Antworten auf alle meine Fragen. Jede meiner Fragen wird ganz leicht von meiner eigenen Intuition und Inspiration beantwortet. Ich inspiriere andere. Ich bin eine leuchtende Verkörperung von Liebe und Licht. Heute strahle und glänze ich auf eine stille und friedvolle Weise.

Persönlicher 22/4er-Tag

Farben
KORALLE oder
ROSTROT

EDELSTEINE
KORALLE und
KUPFER

HINGABE

22/4 ist eine Meisterzahl. Denken Sie nicht an sich selbst und Ihre persönlichen Interessen. Alles, was Sie heute unternehmen, sollte dem Wohl der Menschheit dienen. Arbeiten Sie für die Menschen in Ihrer Umgebung oder für die Welt insgesamt. Alle Pläne, die Sie heute entwickeln, sollten dem höchsten Wohl aller Beteiligten dienen. Tun Sie anderen Gutes. So werden auch Sie selbst zu Erfolg und Wohlstand gelangen.

»ICH SEGNE ALLE MENSCHEN UND TRAGE VOLL FREUDE ZUM ALLGEMEINEN WOHL BEI!«

Es ist mir eine Freude, alles, was ich habe und bin, mit meinen Mitmenschen zu teilen. Großzügig setze ich meine Talente, Fähigkeiten und Reserven zum Wohle aller ein. Ich nehme eine übergeordnete Perspektive ein und wirke im höchsten Interesse aller Beteiligten. Ich bin eins mit dem Universum, jetzt und in Ewigkeit.

Ihr persönlicher Kalender

BEISPIEL: Wenn der September Ihr persönlicher 2er-Monat ist, dann ist der Oktober Ihr persönlicher 3er-Monat …

	Di	Mi	Do	Fr	Sa	So	Mo	
2000 SEPTEMBER				3 (1)	4 (2)	5 (3)	6 (4)	Ihr persönlicher 2er-Monat
	7 (5)	8 (6)	9 (7)	1 (8)	*11/2* (9)	3 (10)	4 (11)	
	5 (12)	6 (13)	7 (14)	8 (15)	9 (16)	1 (17)	*2* (18)	
	3 (19)	22/4 (20)	5 (21)	6 (22)	7 (23)	8 (24)	9 (25)	
	1 (26)	*11/2* (27)	3 (28)	4 (29)	5 (30)			
2000 OKTOBER						4 (1)	5 (2)	Ihr persönlicher 3er-Monat
	6 (3)	7 (4)	8 (5)	9 (6)	1 (7)	11/2 (8)	*3* (9)	
	4 (10)	5 (11)	6 (12)	7 (13)	8 (14)	9 (15)	1 (16)	
	2 (17)	*3* (18)	22/4 (19)	5 (20)	6 (21)	7 (22)	8 (23)	
	9/7 (24/31)	1 (25)	11/2 (26)	*3* (27)	4 (28)	5 (29)	6 (30)	

meditate
quiet
inner peace

J A N U A R

So	Mo	Di	Mi	Do	Fr	Sa

IHR PERSÖNLICHER MONAT: ____________________

F E B R U A R

So	Mo	Di	Mi	Do	Fr	Sa

IHR PERSÖNLICHER MONAT: ____________________

MÄRZ

So	Mo	Di	Mi	Do	Fr	Sa

IHR PERSÖNLICHER MONAT: ____________________

APRIL

So	Mo	Di	Mi	Do	Fr	Sa

IHR PERSÖNLICHER MONAT:____________________

M A I

So	Mo	Di	Mi	Do	Fr	Sa

IHR PERSÖNLICHER MONAT:______________________

J U N I

So	Mo	Di	Mi	Do	Fr	Sa

IHR PERSÖNLICHER MONAT: ______________________

J U L I

So	Mo	Di	Mi	Do	Fr	Sa

IHR PERSÖNLICHER MONAT:______________________

AUGUST

So	Mo	Di	Mi	Do	Fr	Sa

IHR PERSÖNLICHER MONAT: ____________________

S E P T E M B E R

So	Mo	Di	Mi	Do	Fr	Sa

IHR PERSÖNLICHER MONAT:______________________

OKTOBER

So	Mo	Di	Mi	Do	Fr	Sa

IHR PERSÖNLICHER MONAT: ____________________

N O V E M B E R

So	Mo	Di	Mi	Do	Fr	Sa

IHR PERSÖNLICHER MONAT:______________________

D E Z E M B E R

So	Mo	Di	Mi	Do	Fr	Sa

IHR PERSÖNLICHER MONAT: ______________________

Die Farben von Nahrungsmitteln

ROT

Äpfel
Rote Bete
Rotkohl
Kirschen
Radieschen
Himbeeren
Erdbeeren
Tomaten
Wassermelonen
Rindfleisch

ORANGE

Aprikosen
Melonen
Karotten
Mangos
Orangen
Kakis
Kürbisse
Nektarinen
Mandarinen

GELB

Bananen
Mais
Eier
Grapefruits
Zitronen
Öle
Pfirsiche
Ananas
Käse
Süßkartoffeln

GRÜN

Spargel
Artischocken
Avocados
alle Salate
grüne Gemüse
Birnen

BLAU

Heidelbeeren
blaue Trauben
blaue Pflaumen

INDIGO

Hier können die
blauen und violetten Früchte
verwendet werden.

VIOLETT

Brombeeren
Auberginen
dunkle Trauben
violette Pflaumen
Passionsfrüchte
Speiserotalgen

Ich bin gesegnet

Über Louise L. Hay

Louise L. Hay, *eine der bedeutendsten spirituellen Lehrerinnen unserer Zeit, entwickelte in den achtziger Jahren das erste psychologische Programm zur Aktivierung der Selbstheilungskräfte von Schwerstkranken. Sie hat zahllosen Menschen geholfen, das eigene kreative Potenzial zu entdecken und es für persönliches Wachstum und Heilung einzusetzen. Ihre Bücher wurden in 25 Sprachen übersetzt und sind weltweit mit einer Gesamtauflage von über 40 Millionen erschienen. Ihr bekanntestes Buch »Gesundheit für Körper und Seele« steht in Deutschland seit acht Jahren auf der Bestsellerliste.*

VON LOUISE L. HAY SIND ERSCHIENEN:

Auf Deutsch:

BÜCHER

Balance für Körper & Seele.
Ullstein, Berlin 2004
Das große Buch der wahren Kraft. Ullstein, Berlin 2004
Du kannst es! Ansata, München 2003
Dankbarkeit erfüllt mein Leben.
Freiburg: Alf Lüchow 1997
Das goße Buch der heilenden Gedanken.
Ullstein, Berlin 2004
Das Leben lieben. Heilende Gedanken für Körper und Seele. Ullstein, Berlin 2004
Die Kraft einer Frau. Der weibliche Weg zur Selbstheilung Ullstein, Berlin 2004
Du bist dein Heiler. Ullstein, Berlin 2004
Du selbst bist die Antwort. Botschaften an Ratsuchende.
München: Ullstein, Berlin 2004
Ein Garten aus Gedanken. Freiburg: Alf Lüchow 1996
Gesundheit für Körper und Seele (Taschenbuchausgabe)
Ullstein, Berlin 2004
Hay, Louise L., und Freunde, *Gute Gedanken für jeden Tag.*
Ullstein, Berlin 2005
Heile Deinen Körper A–Z. Freiburg: Alf Lüchow 1999

Heile Deinen Körper. Seelisch-geistige Gründe für körperliche Krankheit. Freiburg: Alf Lüchow 1998

Herzensweisheiten. Freiburg: Alf Lüchow 1996

Liebe deinen Körper. Positive Affirmationen für einen gesunden Körper. Freiburg: Alf Lüchow 1996

Licht für Körper und Seele. Ullstein, Berlin 2005

Meditation für Körper und Seele. Ullstein, Berlin 2004

Wahre Kraft kommt von Innen. Ullstein, Berlin 2004

Hay, Louise L., und John C. Taylor, *Die innere Ruhe finden. Meditation als Weg.* Ullstein Berlin 2004

AUDIOKASSETTEN UND CDs

Die Kraft einer Frau. München: Heyne 1999 (CDs und Tonkassetten)

Gesundheit für Körper und Seele – Das Praxis-Hörbuch: Augsburg: Axent 1997

Heile Dein Leben. Landsberg: mvg 1998

DECKS

Körper und Seele. Ullstein, Berlin 2004
Glück und Weisheit. Ullstein, Berlin 2004
Jeden Tag gut drauf. Ullstein, Berlin 2004

VIDEOKASSETTEN

Ein Treffen mit Louise L. Hay. Ein Video-Begleitkurs zu ihrem Bestseller »Gesundheit für Körper und Seele«. Freiburg: Alf Lüchow 1997

Für alle Leser, die sich noch eingehender mit Louise L. Hay befassen möchten, folgt eine Liste ihrer in den USA erschienenen Titel:

BÜCHER

Colors & Numbers
Empowering Woman
A Garden of Thoughts: My Affirmation Journal
Gratitude: A Way of Life (Louise and Friends)
Heal Your Body
Heal Your Body A–Z
Heart Thoughts: A Treasury of Inner Wisdom
Letters to Louise
Life! Reflections on You Journey
Love Your Body
Love Yourself, Heal Your Life Workbook

Loving Thoughts for Health and Healing
Loving Thoughts for Increasing Prosperity
Loving Thoughts for a Perfect Day
Loving Thoughts for Loving Yourself
Meditations to Heal Your Life
Millennium 2000 (Louise and Friends)
101 Power Thoughts
101 Ways to Happiness
101 Ways to Health and Healing
The Power Is Within You
You Can Heal Your Life
You Can Heal Your Life (gift edition)
You Can Do It!

MALBÜCHER/AUDIOKASSETTEN FÜR KINDER

Lulu and the Ant: A Message of Love
Lulu and the Dark: Conquering Fears
Lulu and Willy the Duck: Learning Mirror Work

AUDIOKASSETTEN

Aids: A Positive Approach
Cancer: Discovering Your Healing Power
Change Your Thoughts, Change Your Life (with Michael Toms)
Elders of Excellence
Empowering Woman
Feeling Fine Affirmations
Gift of the Present (with Joshua Leeds)
Heal Your Body (audio book)
Life! Reflections on Your Journey (audio book)
Love Your Body (audio book)
Loving Yourself
Meditations for Personal Healing
Meditations to Heal Your Life (audio book)
Morning and Evening Meditations
Overcoming Fears
The Power Is Within You (audio book)
Self Healing
Songs of Affirmations (with Joshua Leeds)
Tools for Success What I Believe/Deep Relaxation
You Can Heal Your Life (audio book)
You Can Heal Your Life Study Course

Weitere Informationen zu
Louise L. Hay und der Hay Foundation
können Sie unter
folgender Adresse erfragen:

Hay House, Inc.
P.O. Box 5100
Carlsbad, CA 92018-5100, USA

Tel: (001)760/431-7695
Fax: (001) 760/431-6948

Oder Sie besuchen Hay House im Internet:

www.hayhouse.com